Carmen in Full Score

Georges Bizet

Dover Publications, Inc., *New York*

CARMEN

Opera in four acts

Music by Georges Bizet

Libretto by Henri Meilhac and Ludovic Halévy

BASED ON THE NOVELLA BY PROSPER MÉRIMÉE

This Dover edition, first published in 1989, is a republication
of the music as originally edited by Kurt Soldan and published by
C. F. Peters, Leipzig, n.d. The French text and the English stage
directions and instrument names later replaced the German text
and labels of the Peters edition.

Manufactured in the United States of America
Dover Publications, Inc.
31 East 2nd Street
Mineola, N.Y. 11501

Library of Congress Cataloging-in-Publication Data

Bizet, Georges, 1838–1875.
Carmen.

Opera.
French words.
Libretto by Henri Meilhac and Ludovic Halévy,
based on the novella by Prosper Mérimée.
Reprint. Originally published: Leipzig : C.F. Peters.
1. Operas—Scores. I. Meilhac, Henri, 1831–1897.
II. Halévy, Ludovic, 1834–1908. III. Mérimée, Prosper,
1803–1870. Carmen. IV. Title.
M1500.B629C4 1989   88-753767
ISBN 0-486-25820-3

Contents

CAST OF CHARACTERS

Carmen, a Gypsy	Mezzo-Soprano
Don José, a corporal	Tenor
Micaëla, a village girl	Soprano
Escamillo, a toreador	Baritone
Zuñiga, a lieutenant	Bass
Moralès, a corporal	Baritone
Frasquita ⎫ Gypsies Mercédès ⎭	Sopranos
El Dancaïro ⎫ smugglers El Remendado ⎭	Tenors

Lillas Pastia, an innkeeper; Dragoons; Factory Girls;
Street Boys; Gypsies; Smugglers; Street Vendors; etc.

INSTRUMENTATION

2 Flutes (= 2 Piccolos)
2 Oboes (Ob. II = English Horn)
2 Clarinets (A, B♭)
2 Bassoons

4 Horns
2 Trumpets (A, B♭)
3 Trombones

Timpani
Triangle
Cymbals
Bass Drum
Snare Drum
Castanets
Tambourine

2 Harps

Violins I, II
Violas
Cellos
Basses

1. Prelude

Drums and Cymbals

A square in Seville. On the right, the door of the tobacco factory. At the back, a real bridge. On the left, a guardhouse. When the curtain rises, Corporal Morales and the soldiers are discovered, grouped in front of the guardhouse. People coming and going on the square.

2.   Scene and Chorus

Fl.

Oboes

Clar.

Bassoons

in F

Horns in E flat

Trump.

Tymp.

Violins

Drôles de gens que ces gens là !   Drôles de gens que ces gens là !   Drôles de gens !

Drôles de gens ! ————

arco

arco

Drôles de gens que ces gens là ! Drôles de gens que ces gens là ! Drôles de gens ! — Drôles de gens que ces gens-

Drôles de gens que ces gens là ! Drôles de gens que ces gens là ! Drôles·de gens ! — Drôles de gens que ces gens

Stesso movimento. ♩ = 116.

Un poco ritenuto. ♩ = 88.

Un poco ritenuto.

(very gallantly)

Mais en attendant qu'il vienne, Voulez-vous, la

dan - te.

dan - te.

dan - te

Tempo I. Allegretto. ♩ = 100.

3. Chorus of Street Boys

(Bugle call on stage)   (The soldiers form in line in front of the guardhouse.)

(The relief appears: first a bugler and fifer, then a crowd of street boys.—Following the latter, Lieutenant Zuniga and Corporal Don José, then the dragoons.—During the street boys' chorus, the relief forms in front of the guard going off duty.)

Soprani I et II f con molto ritmo, quasi staccato

A-vec la gar-de mon-tan-te, Nous ar-ri-vons, nous voi-là ! Son-ne, trom-pette écla-tan-te ! Ta ra ta ta ta ra ta ta.

Les bras de cet-te maniè-re, Tom-bant tout le long du corps. A-vec la gar de mon-tan-te,

Nous ar-ri-vons, nous voi-là ! Son- ne, trom- pette é-cla-tan-te, Ta ra ta ta ta ra ta ta.

50

ta ta ra ta   ta. —   Nous marchons la tê-te   haute Comme de   pe-tits sol-dats, Mar-quant sans fai-re   de fau-te,

Une, deux, mar-quant le pas. Les é-pau-les en arrière Et la poi-tri-ne en dehors, Les bras de cet-te manière.

54

Tombant tout le long du corps Nous arrivons ! Nous voilà ! Tu ra ta ta ra ta ta ra ta ra ta ta tu,_____

(Exeunt guard going off duty.—Street boys march off behind bugler and fifer of the retiring guard, in the same manner as they followed those of the relief.)

3bis. Recitative

4. Chorus of Cigarette Girls

(Don José sits down and starts to work braiding a lanyard, paying no attention to the activity around him.)

(The factory bell rings.)   (Enter the young men, etc.)   (The bell stops.)

(Enter the cigarette girls, smoking cigarettes, and slowly descending to the stage.)

68

Vo-yez-les ! ——— re-gards im - pu-dents. ———

Mi - ne co-quet - te! Fu-mant tou-tes, du bout des dents _____ La ci - ga -

té-te, A la té-te, Tout dou-ce-ment, Ce-la vous met l'â-me en fê — te !

A la té-te, A la té-te Tout dou-ce-ment, Ce-la vous met l'â-me en fê — te !

75

5. Habanera*

*Imitated from a Spanish song

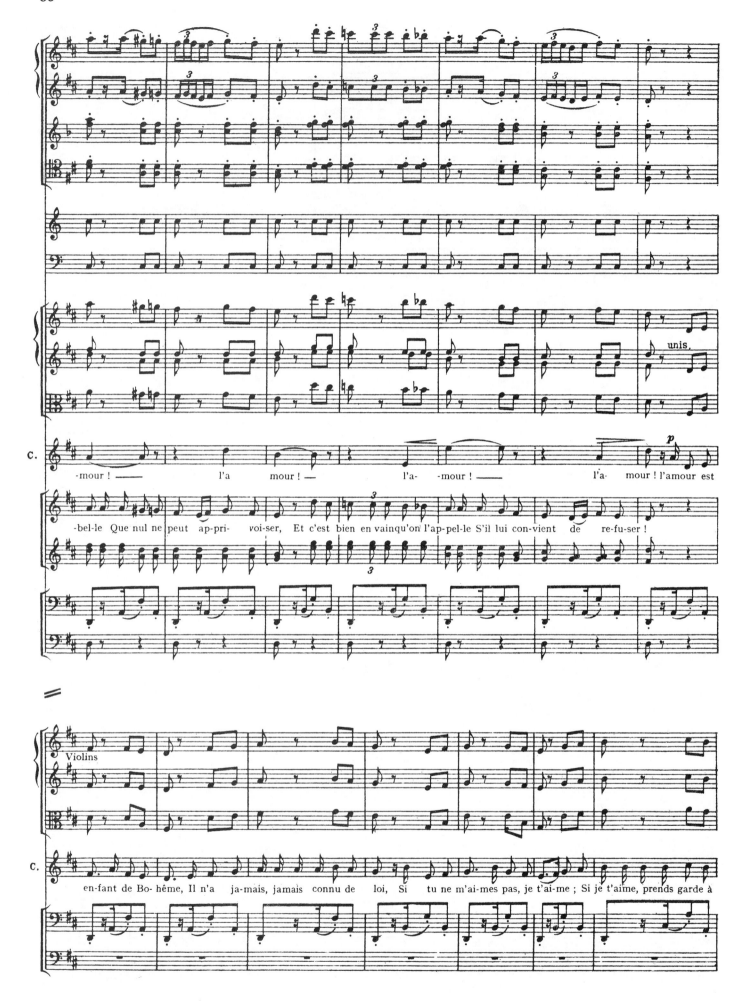

t'aime, prends gar-de à toi ! ──

L'amour est en-fant de Bo- hême, Il n'a ja-mais, jamais con-nu de loi, Si tu ne m'ai-mes pas, je

L'a- mour est - en fant ── de

L'a- mour est - en fant ── de

pizz. sempre pizz.

6. Scene

98

Andante moderato. ♩ = 58.

(The young men surround Carmen. She looks first at them, then at Don José, hesitates, turns as if going to the factory, then retraces her steps and goes straight to Don José, who is still occupied with his priming pin.)

Allegretto. Un poco più animato come al N⁰ 5.

(Carmen takes from her bodice a bunch of cassia flowers, and throws it at Don José [on this chord]. She runs away.)

Sopr. leggiero (lightly, gathering around Don José)

L'amour est en-fant de Bo-hême, Il n'a ja-

mais, jamais connu de loi ; Si tu ne m'ai-mes pas, je t'ai-me ! Si je t'aime, prends garde à toi !

(The factory bell again begins to ring.)

(general burst of laughter)

(Exeunt workingmen, young men. Soldiers enter guardhouse. Don José is left alone; he picks up the flowers, which had fallen at his feet.)

6bis. Recitative

7. Duet

Qu'el-le regrette et qu'elle es - pé-re,   Qu'el-le par-don- ne et qu'el-le at-tend.   Tout ce-la, n'est-ce pas, mi-

gnon- ne, De ma part, tu le lui di-ras ; Et ce baiser que je te don- ne, De ma

Allegro moderato. ♩=88.

Clar.

Bns. *pp*

Horn II in D

I in F.

pp

Allegro moderato.

Violins

J.

mè- re je la vois!... Oui, je re- vois mon .vil- la- ge ! O sou- ve- nirs d'autre-

Fl.

pp

Clar.

I. *ppp*

II in D.

Horns *meno p* *dim.* I in B flat. *pp*

ppp

Violins *poco cresc.* - - - - *dim.* *pp*

poco cresc. - - - - *dim.* *pp*

poco cresc. - - - - *dim.* *pp*

M.

Sa mè- re, il la re- voit ! Il re-

pp

J. *cresc.* - - - - *dim.*

fois, doux sou- ve- nirs du pa- ys ! Doux souve- nirs du pa- ys !

poco cresc. - - - - *dim.* *pp* pizz.

pp

112

la n'est-ce pas, mi-gnon- ne, De ma part, tu le lui di-ras ! Et ce baiser que je te,

7bis. Recitative

8. Chorus

-sieur!   é-coutez-nous!   é-coutez-nous!   é-cou tez-nous!   é-coutez-   nous!   é-cou-tez-nous!

-sieur!   é-cou-tez-nous.   é-coutez-nous!   é-coutez-nous!   é-cou-tez-nous!   é-cou-tez-nous. mon-

E-coutez-nous mon-sieur, mon-sieur, é - cou-tez- nous !

-sieur ! mon- sieur é - cou -tez- nous !

(drawing Zuniga to their side)

La Manue-li-ta di- sait, Et ré-pé-

135

ta Railleuse à son or-di- nai- re, Dit Un âne pourquoi fai- re? Un balai te suffi- ra. »

chant à tour de bras » Là dessus, tou-tes les deux Se sont pri- ses aux che- veux. Toutes les deux, toutes les

Là dessus, tou-tes les deux Se sont pri- ses aux che- veux. Toutes les deux, toutes les

Z.

Zuniga
(impatiently) *senza rigore*   **a tempo**

Au dia- ble tout ce bavar- da- -ge !

deux,   Se sont prises aux cheveux !

deux,   Se sont prises aux cheveux !

sieur. é-coutez nous ! é-coutez-nous,   é-coutez-nous, é-coutez-nous   é-coutez-nous,   é-coutez--nous mon

sieur. é-coutez nous ! é-coutez-nous,   é-coutez-nous, é-coutez-nous   é-coutez-nous, é-coutez--nous monsieur,

por-té   les pre- miers coups ! C'est la Carmenci-ta !   C'est la Carmenci- ta !   C'est la

por-té   les pre- miers, coups !   C'est la Manue-li- ta !   C'est la Manueli-ta ! Ma-

(Carmen appears at the factory door, led by Don José and followed by two soldiers.)

9. Song and Recitative

Allegro. ♩ = 124.

FL

Ob.

Clar

Bns.

in E

Horns

in E flat

Trump.

Tromb.

Tymp.

Allegro.

Violins

(Carmen strikes a woman who happens to be near her.)

Z.

Tu chanteras ton air aux murs de la pri- son.

Soprani I

Chorus

En prison !   en prison !

Soprani II

En prison !   en prison !

10. Seguidilla and Duet

163

11. Finale

Allegretto quasi Andantino. ♩=72.

Violins

C.

Laisse-toi renver-ser   Le res-   -te me re- gar-   -de.

Carmen   (singing, and laughing in Zuniga's face)

L'amour est enfant de Bo-hême, Il n'a ja-

Fl.

Violins

C.

mais, jamais connu de loi; Si tu ne m'aimes pas, je t'ai-me; Si je t'aime, prends garde à toi!

Si tu ne m'aimes pas, si tu ne m'aimes pas, je t'ai-me! Mais si je t'aime, si je t'ai-me prends garde à

toi!

(She marches with Don José and the soldiers.)

(On arriving at the bridge, Carmen pushes the soldiers down and escapes, laughing loudly.)

End of Act III.

Entr'acte

Allegro moderato. ♩ = 96.

Lillas Pastia's tavern. When the curtain rises, Carmen, Frasquita, and Mercedes are seen seated at a table with the officers. Dance of the Gypsy girls, accompanied by Gypsies playing the guitar and tambourine.

12. Gypsy Song

(The dance ceases.)

Les anneaux de cuivre et d'ar-gent   Reluisaient   sur les peaux bi-

C. stré- es D'o--range et de rouge zé-bré- es: Les é- tof- fes flottaient au vent.

La danse au chant se mari-ait,   La danse au chant se ma-ri-ait,   D'a-bord in-dé-cise   et ti-

Carmen.

C.

bras   De leurs instruments faisaient ra-   ge,   Et cet é- blouissant ta- pa- ge En-

sorcelait les Zinga-ras   Sous le rythme de la chan son,   Sous

le rythme de la chan son   Ar- -dentes, fol-les, en-fié- vré-   es, El-les se   lais-saient,   en-i-

(Carmen, Frasquita, and Mercedes join the dance.)

Cymbals Solo.

F.

Mc.

C.

12bis. Recitative

13. Chorus

nade aux flambeaux! C'est le vainqueur des cour- ses de Gre--na- de, Voulez- vous avec nous boi-

re mon cama- -ra-de. A vos succès anciens, à vos succès nouveaux.

218

14. Toreador Song

Escamillo (*bruscamente, ben ritmato*)

Vo-tre toast, je peux vous le ren- dre, Se-ñors, se-ñors car a-vec les soldats

E. Oui, les To-re-ros peuvent s'enten-dre ; Pour plai-sirs, pour plaisirs, ils ont les combats ! Le cirque est plein, c'est

E. jour de fê- -te ! Le cirque est plein du haut en bas ; Les spectateurs, perdant la tê-te,

Les specta-teurs s'in-ter- -pellent à grand fracas ! A-pos-tro- phes, cris et ta-pa- ge

Pous- sés   jus-ques à la fu-reur !   Car c'est   la fê-te   du coura-   -ge !

C'est la fê- te des gens de cœur ! Al-lons ! en gar-de ! al-lons ! al-

(Here Carmen may exchange
parts with Mercedes.)

235

14bis. Recitative

-mer.

Cette répon- se n'est pas tendre, Je me contente- -rai d'es- pérer et d'at-

Il est permis d'at- -tendre, il est doux d'espé- rer.

ten-dre.

Zuniga.

Puisque tu ne viens pas Car

Et vous aurez grand tort

men, je reviendrai.

Bah ! je me ris que-rai.

14ter. Exit of Escamillo

14^{quater}. Recitative

15. Quintet

246

ne fait ja-mais rien De bien ! Oui, quand il s'a-git de trom-pe-ri-e, De du-pe-ri-e, De vo-le- rie, Il est tou-

ne fait ja-mais rien De bien ! Oui, quand il s'a-git de trom-pe-ri-e, De du-pe-ri-e De vo-le- rie, Il est tou-

ne fait ja-mais rien De bien ! Oui, quand il s'a-git de trom-pe-ri-e, De du-pe-ri-e, De vo-le- ri-e, Il est tou-

ne fait ja-mais rien De bien ! Oui, quand il s'a-git de trom-pe-ri-e, De du-pe-ri-e, De vo-le- rie, Il est tou-

ne fait ja-mais rien De bien ! Oui, quand il s'a-git de trom-pe-ri-e, De dü-pe-ri-e, De vo-le- rie, Il est tou-

Tempo I.

Tempo I.

F.

Il faut ve-

Mc.

Il faut ve-

C.

-voir !   Ab-so-lu- ment

R.

Il faut — que tu te lais-   ses   at- ten-drir ! Il faut ve-

D.

Ce n'est pas là ton der-nier mot ?   Il faut ve-

F.

nir, Car-men, — Il faut ve-nir ! Pour notre af-fai-re C'est né-ces-

Me.

nir, Car-men, — Il faut ve-nir ! Pour notre af-fai-re C'est né-ces-

R.

nir, Car-men, — Il faut ve-nir ! Pour notre af-fai-re C'est né-ces--sai-re ;

D.

nir, Car-men, — Il faut ve-nir ! Pour notre af-fai-re C'est né-ces--sai-re ;

F. les — femmes a-vec soi, tou-jours les fem- mes a- vec

Me. les — femmes a-vec soi, tou-jours les fem- mes a- vec

C. les — femmes a-vec soi, tou-jours les fem- mes a- vec

R. les — femmes a-vec soi, tou-jours les fem- mes a- vec

D. les — femmes a-vec soi, tou-jours les fem- mes a- vec

15bis. Recitative

16. Song (Canzonetta)

16bis. Recitative

17. Duet

286

rer de tout mon ê- - - tre,   O ma Carmen !   Et j'étais une chose à toi !   Carmen, je

C. comme un brave à tra-vers la cam- -pa- gne Oui tu m'empor-te- rais Si tu m'ai--mais ! Oui, n'est-ce

Dieu !

J. Hé-las ! hé-las ! pi-

-scen- -do

(Don José moves toward the door. As he is about to open it, someone knocks. Silence.)

18. Finale

Violins

Le choix n'est pas heu--reux ! c'est se mé- sal-li-er De prendre le soldat quand on a l'of-fi-

Bassoons

Horns

Trump.

Tromb.

Violins

Don José. (calm but resolute)

Non !

(severely)

Je ne par ti-rai pas !

(menacing Don José)

(to Don Jose)

cier. Allons. dé-cam-pe ! Si fait ! tu parti-ras ! Drô-le !

(The Gypsies appear from every side; at a sign from Carmen, El Dancaïro and El Remendado seize Zuniga and disarm him.)

C.

moi !

Carmen (to Zuniga, in a mocking tone)

Bel offi-

c. Quand tu ver--ras Comme c'est beau, la vie errante, Pour pays l'u-nivers; Et pour loi, va vo-lon-

(Carmen exchanges with Mercedes to the end of the act.)

End of Act II

Entr'acte

ACT III

A wild spot in the mountains.

19.   Sextet and Chorus

(As the curtain rises, a few of the smugglers are seen lying here and there, wrapped in their cloaks.)

gar- - -de, prends gar- de, pendant la rou- te, Prends gar-de de faire un faux pas !

gar- - -de, prends gar- de, pendant la rou- te, Prends gar-de de faire un faux pas !

F. tre métier est bon ; mais pour le faire il faut Avoir, a- -voir une â- me for-te ! Et le péril, le

Mc. tre métier est bon ; mais pour le faire il faut Avoir, a- -voir une â- me for-te ! Et le péril, le

C. tre métier est bon ; mais pour le faire il faut Avoir, a- -voir une â- me for-te ! Et le péril, le

J. tre métier est bon ; mais pour le faire il faut Avoir, a- -voir une â- me for-te ! Et le péril, le

R. tre métier est bon ; mais pour le faire il faut Avoir, a- -voir une â- me for-te ! Et le péril, le

D. tre métier est bon ; mais pour le faire il faut Avoir, a- voir une â- me for-te ! Et le péril, le

19bis. Recitative

20. Trio

(Frasquita and Mercedes spread cards before them.)

Violins

C.

-mères, En vain tu mê-le-ras, Ce-la ne sert à rien, les car-tes sont sin--cères Et ne men-ti-ront pas!

Violins

poco sf

C.

Dans le li-vre d'en haut si ta page est heu-reu-se, Mêle et cou-pe sans peur; La carte sous tes doigts se tour-ne-ra joy-

Oboes

I.

pp

Tromb.

I.

ppp

Violins

pp

C.

eu-se, T'annonçant le bonheur! Mais si tu dois mou-rir, Si le mot redou-table Est écrit par le sort,

F. ai- me-ra ! Par-lez en- cor ! Par-lez en- -cor ! Di- tes-nous qui nous tra-hi-ra, Di-

Me. Di-tes-nous qui nous ai-me-ra ! Par-lez en-cor ! Par-lez en- -cor ! Di- tes-nous qui nous tra-hi-ra, Di-

C. Le dé- -ses- poir ! La mort ! la mort ! En-

20bis. Recitative

21. Ensemble

F.
nier, c'est notre af-faire ! Tout comme un au- —tre il aime à plaire, Il ai— me à

Me.
nier, c'est notre af-faire ! Tout comme un au- tre il aime à plaire, Il ai— me à

C.
nier, c'est notre af-faire ! Tout comme un au-tre il aime à plai- -re, Il aime à plaire ! Il aime à

-nier, c'est leur af-fai-re ! Tout comme un au- tre il aime à plai-re, ai— me à

nier, c'est leur af-fai-re ! Tout comme un au- tre il aime à plai- re, Il aime à plaire ! Il aime à

leur af- fai-re ! Comme un autre, il aime à plaire, il aime à fai-re.

leur af- fai-re ! Comme un autre, il aime à plaire, il aime à fai-re

22. Aria

C'est des contrebandiers le re-fuge ordi- nai-re Il est i-

peur ;   Vous me don- nerez   du cou-   ra-   ge,   Vous me pro-

22bis. Recitative

23. Duet

Va bien-tôt cou- ler! En- fin ma co- lè-re Trouve à qui par- ler, Le sang, oui, le sang je l'es-pè-re

ver, trouver l'a- -mant! Quel- le ma-la-dres- se J'en ri-rais vrai- -ment! Cher-cher la maî- tres- se Et trou-

J. lez sur vous! Tant pis pour qui tarde. A pa· rer les coups! Met-tez-vous en gar-de, Veil-lez sur

E. lez sur vous! Tant pis pour qui tarde A pa-rer les coups! Met-tez-vous en gar-de, Veil-lez sur

J.

vous !   Al-lons !   en garde !   veil-lez   sur vous !   veil-lez   sur

E.

en gar-de   Al-lons !   en garde !   veil-lez sur vous !   veil-lez   sur

(Escamillo's knife snaps. Don José is about to strike him.)

24. Finale

(happy and proud; to Don José)

E. vi-e Que ce soit vous, Car- men, qui me sauviez la vi-- -e ! Quant à

Fl.

Ob.

Clar.

Bassoons

Horns in E flat

Violins

E. toi, beau soldat, Nous sommes manche à man-che, et nous jouerons la bel- le, oui, nous jouerons la bel--

(Exit Escamillo slowly.
Don José tries to attack him,
but is held back by El Dancaïro
and El Remendado.)

-ant, U- ne mè- re, ta mè-re, Pleure, hé--las! sur son en-fant El-le

pleu- re et t'ap--pel- le, El-le pleu-re et te tend les bras! Tu pren-dras pi-tié

Sois conten- te... je pars... mais... nous nous re-ver- rons !

(Don José leads Micaëla away. Hearing Escamillo's voice, he pauses, hesitating.)

End of Act III.

Entr'acte

Allegro vivo ♩. = 80.

ACT IV

A square in Seville. In the background, the walls of the old arena; the entrance to the latter is closed by a long canvas.

25. Chorus

Zuniga.

Ho-là !　　　　des é-ven-tails !

A Gypsy (to Zuniga, who repulses him)

Vou-lez-　　vous　　aus-

26. March and Chorus

le soleil bril-le !   En l'air, en l'air, en l'air, en l'air to-ques et sombre- ros !   Les voi-ci ! voi-

le soleil bril-le !   En l'air, en l'air, en l'air, en l'air to-ques et sombre- ros !   Les voi-ci ! voi-

le soleil bril-le !   en l'air, en l'air, en l'air to-ques et sombre- ros !   Les voi-ci ! voi-

le soleil bril-le !   en l'air to-ques et sombre- ros ! Les voi-ci ! voi-

(The procession begins.)

ci la quadril-le,   La quadril-le   des To-re-ros !   Les voici !

ci la quadril-le,   La quadril-le   des To-re-ros !   Les voici !

ci la quadril-le,   La quadril-le   des To-re-ros !   Les voici ! Les voici !

ci la quadril-le,   La quadril-le   des To-re-ros !   Les voici ! Les voi-ci ! Les voi-ci !

(The words of the chorus indicate the stage arrangement.)

Voi-ci d'a- bord marchant au pas, L'al-guazil à vi- lai-ne fa-ce. A bas! à bas! à bas! à bas!

Chorus
Soprani
Tenors

A bas l'Al-gua-

Basses

A bas l'Al-gua-

Children.

Vo-yez !

ri- -e ! Vo-yez ! quels regards, et de quel é- clat E- tincel-le la

Vo-yez !

Vo-yez !

(Escamillo enters; beside him Carmen, radiant with delight and brilliantly dressed.)

Esca -mil---- -lo !   C'est l'E- spa-da,

Esca- -mil---- -lo !   C'est l'E- spa-da,

-mil-lo !   Esca- -mil---- -lo !   C'est l'E- spa-da,

Esca- -mil--- -lo !   C'est l'E- spa-da,

la fi-ne la-me, Ce- lui qui vient ter- mi-ner tout, Qui paraît à la fin du

la fi-ne la-me, Ce- lui qui vient ter- mi-ner tout, Qui paraît à la fin du

la fi-ne la-me, Ce- lui qui vient ter· mi-ner tout, Qui paraît à la fin du

la fi-ne la-me, Ce- lui qui vient ter- mi-ner tout, Qui paraît à la fin du

La qua-dril-le des To-reros ! Sur les lan-ces, le soleil bril-le ! En l'air, en l'air, en l'air, en

La qua-dril-le des To-reros ! Sur les lan-ces, le soleil bril-le ! En l'air, en l'air, en l'air, en

La qua-dril-le des To-reros ! Sur les lan-ces, le soleil bril-le ! En l'air, en

La qua-dril-le des To-reros ! Sur les lan-ces, le soleil bril-le ! En

(The alcalde appears in the background accompanied by guards; he enters the arena, followed by toreadors and the crowd.)

un bon conseil...   ne reste pas i- ci.

Et pour-quoi s'il te plait ?

543

Poco stringendo.

Tempo I. Allegro. ♩ = 116.

(The crowd has entered the arena; Frasquita and Mercedes also go in. Carmen and Don José are left alone.)

Tempo I. Allegro. ♩ = 116.

27. Duet and final Chorus

Jamais Carmen ne cé-de--ra! Li-bre elle est née et li- bre el-le mour-

pas!

on her. At the end of the chorus, Carmen attempts to enter the arena, but Don José steps in front of her.)

Je l'ai-me !   Je l'aime et de-vant la mort mê-me Je ré-pé-te- rai que je l'ai--

donc ?

Allegro giocoso. ♩ = 116.

(Carmen again tries to enter the arena. Don José stops her again.)

Soprani / Chorus Tenors:
Vi-va! vi-va! la course est bel-le! Vi-va! sur le sable sanglant, Le taureau, le tau-reau s'é-lan-ce!

Vi-va! vi-va! la course est bel-le! Vi-va! sur le sable sanglant, Le taureau, le tau-reau s'é-lan-ce!

Basses:
Vi-va! vi-va! la course est bel-le! Vi-va! sur le sable sanglant, Le taureau, le tau-reau s'é-lan-ce!

Trump.

Tromb.

(behind the Stage)

Allegro giocoso. ♩ = 116.

Violins

c. -me!

Soprani:
Vo-yez, vo- -yez, vo-yez, vo-yez! Le tau-reau qu'on harcèle En bon-dis-sant s'é- lan-ce, voyez!

Tenors:
Vo-yez, vo-yez, vo-yez, Le tau-reau qu'on harcèle En bon-dis-sant s'é-lan-ce, Voyez!

Basses:
Vo-yez, Le tau-reau qu'on harcèle En bon-dis-sant s'é-lan-ce, Voyez!

Trump.

Tromb.

Violins

572

(Carmen attempts to escape, but Don José catches up with her at the entrance to the arena. He stabs her; she falls and dies.)

(Don José, horrified, falls on his knees beside her.)

Andante moderato. ♩ = 76.

-garde   Et que l'amour t'attend. To-ré-a-dor,   l'a-mour t'at-tend !

-garde   Et que l'amour t'attend. To-ré-a-dor,   l'a-mour t'at-tend !

-garde   Et que l'amour t'attend. To-ré-a-dor,   l'a-mour t'at-tend !

Fl.

Ob.

Clar.

Bns.

Horns

Tymp.

Andante moderato. ♩ = 76.

Violins

(The crowd returns.)

J.

Vous pouvez m'ar-rê-

-ter...   c'est moi qui l'ai tu-é-e ! Ah ! Car-men !   ma Car-men a-do- ré-e !

(CURTAIN)

End of the Opera.